古代歷史文化 研究輯刊

二十編

王明蓀 主編

第22冊

西漢未央宮出土骨簽書法研究（下）

張嘉哲 著

國家圖書館出版品預行編目資料

西漢未央宮出土骨簽書法研究（下）／張嘉哲 著 — 初版 — 新
北市：花木蘭文化事業有限公司，2018〔民 107〕
目 6+174 面；19×26 公分
（古代歷史文化研究輯刊 二十編；第 22 冊）
ISBN 978-986-485-554-4（精裝）
1. 書法 2. 刻工 3. 西漢
618   107012003

ISBN-978-986-485-554-4

9 789864 855544

古代歷史文化研究輯刊
二十編　第二二冊　　　　ISBN：978-986-485-554-4

西漢未央宮出土骨簽書法研究（下）

作　　者　張嘉哲
主　　編　王明蓀
總 編 輯　杜潔祥
副總編輯　楊嘉樂
編　　輯　許郁翎、王筑　美術編輯　陳逸婷
出　　版　花木蘭文化事業有限公司
發 行 人　高小娟
聯絡地址　235 新北市中和區中安街七二號十三樓
　　　　　電話：02-2923-1455／傳眞：02-2923-1452
網　　址　http://www.huamulan.tw 信箱 hml 810518@gmail.com
印　　刷　普羅文化出版廣告事業
初　　版　2018 年 9 月
全書字數　89893 字
定　　價　二十編 25 冊（精裝）台幣 66,000 元

西漢未央宮出土骨籤書法研究（下）

張嘉哲　著

下　冊

圖表目錄

表目錄

圖目錄

附錄一　骨簽圖錄

一、未央宮中央官署出土（共 178 片）

〔有紀年無年號類〕49 片

編號	骨簽圖版	骨簽摹本	釋　文
05247			元年河南工官令霸丞廣成作府渠工惠造

02824			元年河南工官令定丞文立作府地工易造
07194			元年河南工官令霸丞廣成作府勝工夫□造

07658			元年河南工 官令中意丞 安定作府聖 冗工□富工 林造
12698			元年河南工 官令謝丞種 定作府嗇夫 輔始工□造

			元年河南工官令謝丞種定作府嗇夫輔始工朔造
04684			
02858			元年河南工官令謝丞種定作府嗇夫輔始工始昌造

			元年河南工官令霸丞廣成作府勝工隻造
07566			
08558			二年河南工官令定丞立作府連工反造

			二年河南工官謝丞種定作府輔工楚造
09040			
01326			二年河南工官令霸顧成丞法果成作府賢工周造

08651			二年河南工 官令俞利丞 果成法作府 勝尤工可富 工春造
09542			二年河南工 官令定丞廣 元作府地工 方造

| 11006 | | 三年河南工官令巨令守丞年作府嘉工巨造 |
| 01337 | | 三年河南工官令定丞立廣作府思人工暨造 |

06780		三年河南工官令俞利丞果成法作府渠斟尢工鼠何工巨造
06332		三年河南工官令定丞廣寫作府滿工橡造

			三年河南工 官令俞利丞 果成法作府 福賢冗工閏 何工宛造
04345			
09180			四年河南工 官令定丞廣 元作府滿工 曾造

| 09229 | | 四年河南工官令定丞廣丞元作府嘉夫工通造 |
| 01132 | | 四年河南工官令定丞廣元作府□工天造 |

			四年河南工官令謝丞定種作府距工樂造
02825			
03662			四年河南工官令定丞廣元作府滿工方造

04987			四年河南工官令霸顧成丞法果成作府賢工偓造
01802			四年河南工官令巨令右成當□作府祿工客造

11401		四年河南工官令霸顧成丞法果成作府勝工遂造
01595		四年河南工官令俞利丞果成作府□冗工□不何工主造

| 03174 | | 四年河南工官守令也守丞福護工卒史直作府嗇夫侍樂成佐□冗工共建工廣造 |
| 06017 | | 五年河南工官令定丞廣緩作府夫工奮造 |

| 02268 | | 六年河南工
官令定丞廣
緩作府**桀**工止造 |
| 01390 | | 五年河南工
官令定丞廣
篤作府夫工
談造 |

| 06286 | | | 五年河南工官令定丞廣
寫作府夫工
冬造 |
| 01505 | | | 五年河南工官令朔丞果成作府產冗
工畢何工茲
造 |

			元年河南工官令霸丞廣果作府勝工秦造
08384			
08461			五年河南工官令定丞廣寫作府滿工□造

| 06640 | | 六年河南工官令定丞綬廣作府夫工詣造 |
| 04587 | | 六年河南工官令定丞廣綬作府律工光造 |

05294		六年河南工 官令中意丞 安作府斸冗 工德富工橐 造
01258		六年河南工 官令定丞緩 廣作府天工 成造

| 11410 | | 六年河南工官令定丞廣元作府桼工重造 |
| 12465 | | 六年河南工官令定丞緩廣作府夫工反造 |

| 11286 | | 六年河南工官令朔丞果成作府聖尤工鼠工偃造 |
| 02018 | | 二年穎川工官令貫丞賞□嗇夫明冗工如工食造 |

			二年穎川工 官令貫丞廣 凌守丞詛佐 中冗工甲工 反造
13448			
08181			二年穎川工 官令廣守丞 當護工秋作 府佐解昌冗 工嬰工次造

12319		三年穎川工 官令遂丞成 佐沂工反造
13099		六年穎川工 官令庶安成 當護工秋作 府佐番冗工 □工志造

06550			元年南陽工 官護工卒史 郜令捐丞福 悳令史存作 府嗇夫廣尤 勝工□番工 □曾造甲
04839			二年南陽工 官令捐護工 賀守丞萬年 作府嗇夫甫 亭長訥工□ 造壬午

〔有紀年有年號類〕42 片

編號	實　物	摹　本	釋　文	備註
11031			太初三年河南工官守令武守丞成作府佐關工堯惠造	102 B.C.
10950			太初三年河南工官守令武守丞成作府佐關工堯閏□造	102 B.C.
00715			太初二年穎川工官令仁丞□尢工丙尢工如甲工□造	103 B.C.

10826			天漢元年河南工官令寧丞和青作府佐安居工土巨□造	100 B.C.
11919			天漢三年河南工官令醉守丞喜作府嗇夫關工堯充午造	98 B.C.
00470			天漢四年河南工官令醉守丞喜作府佐根工直何造	97 B.C.

06651			太始元年河南工官令曾子醉丞堯猜作府充工堯嘉廣工造	96 B.C.
11265			太始四年河南工官令醉守丞喜作府嗇夫關工堯主工客造	93 B.C.
13690			延和五年穎川工官令廣守丞□護工福作府佐廣冗工吉工賴造	

00335		延和五年南陽工官令捐守丞隻柱作府嗇夫征冗工□工望造戊	.
09065		始元年穎川工官令廣守丞聖護工充作府佐志冗工嬰工寬造	86 B.C.
08189		始元年南陽工官令捐守丞糾作府嗇夫仡冗工秋工成當時造乙	86 B.C.

09109			始元六年河南工官令若秦守丞畢護工卒史不害作府嗇夫日佐意冗工充昌建成工安世造	85 B.C.
14050			始元二年潁川工官令廣丞聖護工當令史武作府佐寬冗工柱工□造	85 B.C.
07103			始元二年南陽工官令捐丞訢護工卒史郜作府嗇夫政佐昌工政工巨造甲	85 B.C.

01484		始元三年壽建之官守之廣護工卒史堯令史關作府嗇夫廣佐曾冗工充古工□	始元三年河南工官守令廣護工卒史堯令史關作府嗇夫廣佐曾冗工充古工□	84 B.C.
02534		始三年穎古工官護工卒史當令廣丞遂守丞當掾吉令史賈作府令史奉冗工始工	始元三年穎川工官護工卒史當令廣丞遂守丞當掾吉令史賈作府令史奉冗工始工	84 B.C.
08934		始元三年南陽工官令捐守丞朝護工卒史郤令史廣作府守嗇夫猜都冗工母夏佐賢工六政造甲	始元三年南陽工官令捐守丞朝護工卒史郤令史廣作府守嗇夫猜都冗工母夏佐賢工六政造甲	84 B.C.

02244			始元四年河南工官守令若秦丞千秋護工卒史不害令史□作府嗇夫慶佐工軒冗工昌克強	83 B.C.
13959			始元四年潁川工官護工卒史春守令吉丞畢掾昌作府嗇夫凌令史強冗工□買工勁造	83 B.C.
13601			始元五年河南工官守令若秦丞千秋護工卒史不害令史都作府嗇夫主佐千秋冗工樂昌畢工匽造	82 B.C.

13944		始元五年穎川 工官護工卒史 春令狀丞福掾 廣作府嗇夫淩 友佐審冗工茂 工同造	82 B.C.
13476		始元五年南陽 工官護工卒史 郜令捐丞增壽 令史守嗇夫猜 嗇夫重工丁猜 造甲	82 B.C.
06441		始元六年河南 工官守令秦守 丞畢護工卒史 不害作府嗇夫 日佐相冗工充 昌咯工絡造	81 B.C.

13358			始元六年河南工官守令若秦守丞畢護工卒史不害作府嗇夫日佐奉冗工充樂柱工政造	81 B.C.
13357			始元六年穎川工官護工卒史春令秋守丞吉掾主作府嗇夫□□佐□冗工□造乙	81 B.C.
08265			元鳳元年河南工官守令若秦丞千秋護工卒史安世作府嗇夫相佐直冗工充昌棣工守造	80 B.C.

13274			元鳳元年穎川護工卒史□工官令伓守丞福掾賀作府嗇夫友佐怪冗工石工匣造丙	80 B.C.
13602			元鳳二年穎川工官護工卒史春令狀守丞吉□福掾主作府嗇夫淩友令史猜冗工□工目造	79 B.C.
08194			元鳳二年南陽工官護工卒史鬼夫守令充國丞訢令史廣作府嗇夫御主佐彭祖冗工辨工快政造甲	79 B.C.

08937			元鳳二年南陽工官護工卒史鬼夫守令充國丞訢令史□作府嗇夫御主佐彭沮冗工辦工快京造甲	79 B.C.
06549			元鳳二年南陽工官護工卒史鬼夫守令充國丞訢令史廣脩作府嗇夫御主冗工辦工快喜造甲	79 B.C.
02632			元鳳元年河南工官守令若秦丞千秋護工卒史安世作府嗇夫相佐直冗工充昌棣工□造	75 B.C.

13355		地節四年穎川 護工卒史福工 官令湖游丞聖 掾廣佐賀冗工 當時工□造甲	66 B.C.
08500		地節四年南陽 護工卒史壽工 官令仁丞月令 史周作府嗇夫 駿尤相國冗工 廣郜工昌造	66 B.C.
13469		元康二年穎川 護工卒史福工 官令湖游丞湯 掾賢令史奉冗 工廣工□造乙	64 B.C.

04899			元康三年穎川護工卒史福工官令湖游丞湯掾賢令史奉冗工廣工昌造乙	63 B.C.
12682			元康四年河南守護工卒史□工官令□軍丞通令史林作府嗇夫弘佐福冗工□工寄造	62 B.C.
00667			五鳳二年穎川護工卒史□官守令右丞郡掾棠嗇夫□冗工廣工中親可造乙	56 B.C.

06725		甘露三年河南 工官工益工壽 秋令史樂嗇夫 尊□守令史甲 守丞寸幸守令 湯守護工卒史 得造	51 B.C.
08506		始元三年南陽 工官令捐守丞 朝護工史□令 廣作府嗇夫猜 佐貧工夏工丁 向造甲	84 B.C.
08047		地節二年南陽 護工卒史嬰工 官守令賀右丞 勝令史充作府 嗇夫佐冗工建 強駿都工夫賢 造甲	

〔服類〕3 片

編號	實　物	摹　本	釋　文
00041			服六石
00348			服力六石
13359			服弩力六石

〔力類〕11 片

編號	實　物	摹　本	釋　文
03608			力五石三鈞廿九斤
10371			力五石三鈞廿三斤

			力六石一鈞
07188			
			力六石三斤
09927			
			力六石十斤
07353			

			力六石十五斤
08675			
05182			力六石廿六斤
01026			力八石

			力十五石
00054			
11070			力十五石
00040			力□石

〔大黃類〕2 片

編號	實　物	摹　本	釋　文
13143			大黃力廿石
13574			大黃廿石

〔乘輿類〕9 片

編號	實 物	摹 本	釋 文
11159			乘輿燥六石
01223			乘輿燥六石
01219			乘輿六石燥

		乘輿燥八石
01838		
00315		乘輿力十二石
09448		乘輿力十一石

			乘輿御弋六石
11126			
11358			乘輿御弋十石
11078			乘輿廿二石

〔**射類**〕12 片

編號	實　物	摹　本	釋　文
06250			射三百步
10243			射三百八步
11643			射三百廿步

		射三百廿六步
07172		
05232		射三百卅步
05738		射三百卅八步

05718			射三百卅九步
10229			射三百五十步
05710			射三百六十步

			射三百七十步
09943			
10659			射三百七十六步
08647			射三百八十步

〔甲類〕8 片

編號	實　物	摹　本	釋　文
01713			甲八
00234			甲五十八
10995			甲百

			甲六百一十九
00672			
			甲八百
02257			
			甲三千四百九十
02779			

			甲九千九百卅十
02972			
03507			甲二萬一千十百

〔乙類〕11 片

編號	實物	摹本	釋文
09769			乙三百卌四
09682			乙十百八十九
10096			乙八百卌十

10026		乙千卅十
06708		乙千七百七十五
11492		乙五千四百廿三

07044		乙八千二百五十七
11968		乙八千三百六十九
09429		乙萬四百一十

03777		乙萬四千四百卅六
01121		乙二萬八百五十

〔丙類〕9 片

編號	實　物	摹　本	釋　文
00070			丙二百十一
01163			丙六百九十
03268			丙二千三百七十七

12172			丙二千五百卅九
02883			丙三千五百六十六
05445			丙四千五百五十八

03058			丙五千四百五十三
01332			餅十千二百廿
03333			丙八千五百五十三

〔丁類〕8 片

編號	實　物	摹　本	釋　文
11342			丁百九十五
11155			丁八百廿五
00358			丁二千二百六十八

10032		丁四千五百九十
07459		丁十千九百廿八
05267		丁九千三百十

| 07916 | | | 丁萬三千九百九 |
| 07952 | | | 丁二萬二千三八
卅八 |

〔第類〕7片

編號	實物	摹本	釋文
00161			第十二
06565			第卌
08450			第九十一

00263		第四百五十八
04810		第六百卅二
13041		第萬三千五百六十二

03228		第三萬二千三百六十四

〔少府類〕2 片

編號	實　物	摹　本	釋　文
01514			四年內官第百卅五
12460			五年右工室工陑更主丞乙佐談工潰造第九十三

〔衛尉類〕4片

編號	實　物	摹　本	釋　文	備註
08354			六年衛尉工猪 繕	
00359			神爵四年衛尉 旅賁令鎧丞萬 年嗇夫臨工幼 繕六石	58 B.C.
00555			衛尉旅賁初元 五年令丞誼祿 萬嗇夫動工光 繕	46 B.C.

00683			永光三年衛尉旅賁令丞誼令史棱齧夫志工萬繕	41 B.C.

〔光祿類〕1片

編號	實　物	摹　本	釋　文	備註
00495			永光四年光祿弩官郎中晏工輔繕力六石	40 B.C

二、武庫出土骨簽（共 31 片，2 片刻文難辨未載錄。）

〔考工類〕1 片

編　號	骨　簽　圖　版	骨簽釋文	形制	備註
4：T4③：1		鴻嘉元年考工制作工壽王繕嗇夫霸佐咸主丞憚掾放省	Ⅰb型	20B.C.

〔工官類〕13 片

編　號	骨　簽　圖　版	骨簽釋文	形制	備註
4：T4③：4B		元年穎川工官令廣……工………	Ⅰa型	
4：T4③：7		三年穎川工官丞□工□冗工玄黃造	Ⅱa型	

4：T4③：9		六年穎川工官 ☑……☑	Ⅱa型	
4：T4③：3		□年穎川工官 令威丞……工 從之造	Ⅰa型	
4：T4③：12		□□穎川工官 令□丞□…… 工□造	Ⅰa型	
4：T4③：6B		三年河南工官 令……☑……	Ⅱb型	

4：T4③：10B		五年河南工官 長 令 丞 □ ☑……造	Ⅱa型	
4：T4③：11		元始☉年武威 工 官 … … ☑ … … 掾 林 主……省	Ⅰa型	A.D.2
4：T4③：23		東平工官六十 六	Ⅱb型	

4：T4③：27		五年河內工☑ ……☑	不明	
4：T4③：2B		……丞☑☑☑ ……工☑造	Ⅰa型	
4：T4③：5		☑工官丞淩☑ ☑工應工弱造	Ⅱa型	

| 4：T4③：13 | | ☑……清
☑…… | 不明 | |

〔梗榆力類〕10 片

編　號	骨　簽　圖　版	骨簽釋文	形制	備註
4：T4③：14		梗榆力二百匠	IIb 型	
4：T4③：15		梗榆力二百斤	IIb 型	

4：T4③：16		梗榆力二回☒	IIb 型	
4：T4③：17		梗榆☒	IIb 型	
4：T4③：19		力二百斤	IIb 型	
4：T4③：24		☒力二百斤	IIb 型	

4：T4③：25		力二百斤	IIb 型	
4：T4③：22		☒力三石	IIb 型	
4：T4③：28		三石	Ib 型	
4：T4③：8		第千八百卅五 力二百☒	Ib 型	

〔編號類〕3 片

編　　號	骨　簽　圖　版	骨簽釋文	形制	備註
4：T4③：18		□四千七百☑	不明	
4：T4③：20		☑三□	IIb 型	
4：T4③：21		☑卌四	IIb 型	

〔其他〕2片

4：T4③：26		三……	Ⅱb型
4：T4③：29		☑省	不明

三、骨簽十三片－宗鳴安藏

編號	骨簽圖版	摹　本	釋　文	備註
宗 01			始元三年河南工官守令□尙護工卒史吏令嗇夫廣佐廣都嗇工眾造	84 B.C.
宗 02			四年河南工官令工令右成嘗事作府祿工畫造	
宗 03			河南工官守令石□吏工卒令史日作府成充強工外造	

宗 04			始元六年河南工史夫日芊護工史夫日佐□強工牟造	81 B.C.
宗 05			元二年河南工官令宣鄯石丞尚賜□卒史槳作府嗇夫關佐陽冗工充□父造	*85 B.C.
宗 06			石丞尚賜待夫關作楊冗	
宗 07			夫關乘中作府嗇夫廣工充強工□造	

宗 08			始元二年穎川工官令廣守望推工當令史造作府	85 B.C.
宗 09			元鳳二年河南工官令廣成丞□工卒史若令史成作府嗇夫□武成冗工充素劫工□	79 B.C.
宗 10			護工卒史輔工曹掾護作府參冗工素揖工造甲	
宗 11			守令若秦安世作府嗇昌□工世	

宗 12			南陽工官護工 □丞廣德令史 佐安徒冗工造 甲
宗 13			兩千二百六十 三

四、《雙劍誃古器物圖錄》中骨簽(三組，共 34 片。)

〈漢日辰骨簽十二枚一〉

代　號	骨簽圖版	拓　本	釋　文	備註
12-1-1			甲子木	✳
12-1-2			乙丑木	

| 12-1-3 | | | 丙寅火 | ✳ |
| 12-1-4 | | | 丁卯火 | ✳ |

12-1-5			戊辰土	
12-1-6			己巳土	＊

12-1-7			庚午金	✳
12-1-8			辛未金	✳

| 12-1-9 | | | 壬申水 | ✳ |
| 12-1-10 | | | 癸酉水 | ✳ |

12-1-11			甲戌木	＊
12-1-12			乙亥木	＊

＊爲邯鄲市博物館徵集之骨簽，共 11 片，惟 1 片過度殘缺無法辨認釋文。

〈漢日辰骨簽十二枚二〉

代　號	骨簽圖版	拓　本	釋　文	備註
12-2-1			甲子木	
12-2-2			乙丑木	

| 12-2-3 | | | 丙寅火 | |
| 12-2-4 | | | 丁卯火 | |

| 12-2-5 | | | 戊辰土 | |
| 12-2-6 | | | 己巳土 | |

| 12-2-7 | | | 庚午金 | |
| 12-2-8 | | | 辛未 | |

| 12-2-9 | | | 壬申水 | |
| 12-2-10 | | | 癸酉水 | |

| 12-2-11 | | | 甲戌木 | |
| 12-2-12 | | | 乙亥木 | |

〈漢日辰骨籤十片〉

代　號	骨籤圖版	拓　本	釋　文	備註
10-1			甲子木	
10-2			乙丑木	

10-3			丁卯火	
10-4			戊辰土	

| 10-5 | | | 己巳土 | |
| 10-6 | | | 庚午金 | |

10-7			辛未金	
10-8			壬申水	

10-9			甲戌木	
10-10			乙亥木	

附錄二 骨簽單字字庫

字 例					
00555	01132	01484	02244	02534	02632
02824	02858	03662	04684	04899	05247
06441	06549	06550	06651	07103	07194
07566	07658	08189	08194	08265	08265

元

08506	08934	08937	09065	09109	09180
元	元	元	元	元	元
09229	09542	10826	10950	11410	12682
元	元	元	元	元	元
12698	13274	13274	13357	13358	13469
元	元	元	元	元	元
13476	13601	13602	13944	13959	14050
元	元	元	元	元	元
08384					
元					

字　　例					
一					
00070	00672	03507	07188	08450	09448

字　　例					
00070	00161	00315	00358	00358	00667
00715	01121	01326	01332	02018	02883
03228	03268	03507	04810	04839	06549
07044	07103	07952	07952	08047	08181
08194	08558	08651	08937	09040	09429
09542	11078	11492	12172	13448	13469
13602	14050				

二

字　　例					
00555	00683	01337	01484	02534	02779
03058	03228	03228	03268	03333	03608
04345	04899	05232	05267	05710	05718

三

05738	06250	06332	06725	06780	07172
07916	07952	08506	08647	08934	09769
09927	09943	10229	10243	10371	10371
10659	10950	11006	11031	11492	11643
11919	11968	12319	12460	13041	

字　　例					
00263	00359	00470	00495	01132	01514
01595	01802	02244	02779	02825	03058
03174	03228	03662	03777	03777	04987
05445	08500	09180	09229	09429	09769
10032	11265	11401	12682	13355	13959

四

字　例					
00054	00234	00263	00335	00667	01121
01390	01505	01514	02883	03058	03058
03333	03333	03608	05445	05445	06017
06286	06708	07044	08461	08675	10032
10229	10371	11070	11155	11342	11492
12172	12460	13041	13476	13601	13690
13944					

（五）

字　例					
00041	00348	00358	00359	00495	00672
01163	01223	01258	02268	02632	02883

（六）

02283	03228	03777	04587	04810	05182
05182	05294	05710	06441	06640	07172
07188	07353	08354	08675	08934	09927
10659	11126	11159	11286	11410	11968
12465	13041	13099	13357	13358	13359
09109					

字　例					
七					
01332	03268	06708	06708	07044	07459
09943	10096	10659			

字　例					
八					
00234	00263	00358	01026	01121	01713

01838	02257	03333	05445	05738	07044
07459	07952	08647	09682	10096	10243
11155	11968				

字 例					
00672	01163	02779	02972	02972	03608
05267	05718	07459	07916	07916	08450
09682	10032	11342	11968	12172	12460

九

字 例					
00054	00070	00161	00234	00263	00315
00358	00672	01121	01163	02779	02883

十

02972	03058	03228	03333	03507	05267
05445	05710	06708	07044	07353	08450
08647	08675	09429	09448	09682	09682
09943	10026	10032	10229	10659	11070
11342	11358	11968	12460	13041	

字	例				
廿	01332	03608	05182	07172	07459	10371
	11078	11155	11492	11643	13143	13574

字	例				
卅	01514	05232	05738	10026	12172	

字	例				
卅	02972	03777	04810	05718	06565	07952
	09769	10096				

字	例				
七十	03268	09943	10659			

字	例				
八十	08647					

字	例				
百	00070	00263	00358	00672	01121	00163
	01332	01514	02257	02779	02883	02972

03058	03228	03268	03333	03507	03777
04810	05232	05267	05445	05710	05718
05738	06250	06708	07044	07172	07459
07916	07952	08647	09429	09682	09769
09943	10032	10096	10229	10243	10659
10995	11155	11342	11492	11643	11968
12172	13041				

字　例					
千					
00358	01332	02632	02779	02883	02972
03058	03328	03268	03333	03507	03777
05267	05445	06708	07044	07459	07916
07952	08265	10026	10032	11492	11968
12172	13041	13601	13601		

字　例					
萬					
00359	00555	00683	01121	03228	03507
03777	07916	07952	09429	13041	04839

字　例					
甲					
00234	00672	00715	01713	02257	02779
02972	03507	06549	06550	06725	08047
08194	08506	08934	08937	10995	13355
13448	13476				

字　例					
乙					
00667	01121	03777	04899	06708	07044
08189	09429	09682	09769	10026	10096
11492	11968	12460	13357	13469	

字　　例					
丙	00070	00715	01163	01332	02283	03058
	03268	03333	05445	12172	13274	

字　　例					
丁	00358	05267	07459	07916	07952	08506
	10032	11155	11342	13476		

字　　例				
服	00041	00348	13359	
	服	朋	服	

字　　例				
弩	00495	13359		

字　例					
夷	00161	00263	01514	03228	04810	06565
	08450	12460	13041			

字　例					
射	05232	05710	05718	05738	06250	07172
	08647	09943	10229	10243	10659	11643

字　　例					
步	05232	05710	05718	05738	06250	07172
	08647	09943	10229	10243	10659	11643

字　　例					
力	00040	00054	00315	00348	00495	01026
	03608	05182	07188	07353	08675	09448
	09927	10371	11070	13143	13359	

字　　例					
石					

字例表

00040	00041	00054	00315	00348	00359
00495	01026	01219	01223	01838	03608
05182	07188	07353	08675	09448	09927
10371	11070	11078	11126	11159	11358
13143	13274	13359	13574		

字　例					
00315	01219	01223	01838	09448	11078
11126	11159	11358			

乘

字　例					
00315	01219	01223	01838	09448	11078
11126	11159	11358			

輿

字	例				
御	06549	08194	08937	11126	11358

字	例				
弋	11126	11358			

字	例				
燥	01219	01223	01838	11159	

字	例				
大	01219	13143	13574		

字	例				
黃	13143	13574			

字	例				
	03608	05182	07353	08675	09927	10371

斤

字	例				
	03608	07188	10371			

鈞

字	例				
	00470	01132	01258	01326	01337	01390
	01484	01505	01595	01802	02244	02268
	02632	02824	02825	02858	03174	03662
	04345	04587	04684	04987	05247	05294
	06017	06286	06332	06441	06640	06651

河

06725	06780	07194	07566	07658	08265
08384	08461	08558	08651	09040	09109
09180	09229	09542	10826	10950	11006
11031	11265	11286	11401	11410	11919
12465	12682	12698	13358	13601	

字　　例					
00470	01132	01258	01326	01337	01390
01484	01505	01595	01802	02244	02268
02632	02824	02825	02858	03174	03662
04345	04587	04684	08937	05247	05294

南

06017	06286	06332	06441	06640	06651
06725	06780	07194	07566	07658	08265
08384	08461	08558	08651	09040	09109
09180	09229	09542	10826	10950	11006
11031	11265	11286	11401	11410	11919
12465	12682	12698	13358	13601	13476
00335	04839	06549	06550	07103	08047
08189	08194	08500	08506	08934	

字　例					
00667	00715	02018	02534	04899	08181
09065	12319	13099	13274	13355	13357
13448	13469	13602	13690	13944	13959
14050					

穎

字　例					
00667	00715	02018	02534	04899	08181
09065	12319	13099	13274	13355	13357

川

字　例					
13448	13469	13602	13690	13944	13959
14050					

	字　例					
陽	00335	04839	06549	06550	07103	08047
	08189	08194	08500	08506	08934	08937
	13476					

	字　例					
工	00335	00335	00335	00359	00470	00470

00495	00555	00667	00667	00667	00683
00715	00715	00715	00715	01132	01132
01258	01258	01326	01326	01337	01337
01390	01390	01484	01484	01484	01484
01505	01505	01505	01595	01595	01595
01802	01802	02018	02018	02018	02244
02244	02244	02244	02268	02268	02534
02534	02534	02534	02632	02632	02632
02632	02824	02824	02825	02825	02858
02858	03174	03174	03174	03174	03662

03662	04345	04345	04345	04587	04587
04684	04684	04839	04839	04839	04899
04899	04899	04899	04987	04987	05247
05247	05294	05294	05294	06017	06017
06286	06286	06332	06332	06441	06441
06441	06441	06549	06549	06549	06549
06550	06550	06550	06550	06640	06440
06651	06651	06651	06725	06725	06725
06725	06725	06780	06780	06780	07103
07103	07103	07103	07194	07194	07566

07566	07658	07658	08047	08047	08047
08047	08181	08181	08181	08181	08189
08189	08189	08194	08194	08194	08194
08265	08265	08265	08265	08354	08354
08354	08461	08461	08500	08500	08500
08500	08506	08506	08506	08506	08558
08558	08651	08651	08651	08934	08934
08934	08934	08937	08937	08937	08937
09040	09040	09065	09065	09065	09065
09109	09109	09109	09109	09180	09180

09229	09229	09542	09542	10826	10826
10950	10950	11006	11006	11031	11031
11265	11265	11265	11286	11286	11286
11401	11401	11410	11410	11919	11919
12319	12319	12460	12460	12460	12465
12465	12682	12682	12682	12682	12698
12698	13099	13099	13099	13099	13274
13274	13274	13274	13355	13355	13355
13355	13357	13357	13357	13358	13358
13358	13358	13448	13448	13448	13469
13469	13469	13469	13476	13476	13476

02534	02632	02824	02825	02825	03174
03662	04345	04587	04684	04839	04899
04987	05247	05294	06017	06286	06332
06441	06549	06550	06640	06651	06725
06780	07103	07194	07566	07658	08047
08181	08189	08194	08265	08384	08461

08500	08506	08558	08651	08934	08937
09040	09065	09109	09180	09229	09542
10826	10950	11006	11031	11265	11286
11401	11410	11919	12319	12465	12682
12698	13099	13274	13355	13357	13358
13448	13469	13476	13601	13602	13690

| 13944 | 13959 | 14050 | | | |

字　例

令	00335	00359	00470	00555	00667	00683
	00683	00715	01132	01258	01326	01337
	01390	01484	01484	01505	01595	01802
	01802	02018	02244	02244	02268	02534
	02534	02534	02632	02824	02825	02858
	03174	03662	04345	04587	04684	04839
	04899	04899	04987	05247	05294	06286

06332	06441	06549	06549	06550	06550
06640	06651	06725	06725	06780	07103
07194	06566	07658	08047	08047	08181
08189	08194	08194	08265	08384	08461
08500	08500	08506	08506	08558	08651
08934	08934	08937	08937	09065	09109
09180	09229	09542	10826	10950	11006
11006	11031	11265	11286	11401	11410
11919	12319	12465	12682	12682	12698

13099	13274	13355	13357	13358	13448
13469	13469	13476	13476	13601	13601
13602	13602	13690	13690	13959	13959
14050	14050				

	字　　例				
	01132	01258	01337	01390	02268	02824
定	02825	02825	03662	04587	04684	06017
	06286	06332	06640	07658	08461	08558
	09040	09180	09229	11410	12465	12698

字　　例					
守	00335	00470	00667	01484	02244	02534
	02632	03174	03174	04839	06441	06441
	06549	06725	06725	06725	06725	08047
	08181	08189	08194	08265	08265	08506
	08934	08934	08937	09065	09109	09109
	09542	10950	10950	11006	11031	11031
	11265	11919	12682	13274	13357	13358
	13358	13448	13476	13601	13602	13690

字　例					
00335	00359	00470	00555	00667	00683
00715	01132	01258	01326	01337	01390
01505	01595	01802	02018	02244	02268
02534	02534	02632	02824	02825	02858
03174	03662	04345	04587	04684	04839
04899	04987	05247	05294	06017	06286

丞

11265	11286	11401	11410	11919	12319
坙	吞	吞	吞	季	吞
12460	12465	12682	12698	13099	13274
丞	吞	圣	圣	王	圣
13355	13357	13358	13448	13448	13469
王	圣	圣	王	王	丞
13476	13601	13602	13690	13944	13959
丢	丢	王	王	圣	王
14050					
圣					

字　　例					
00335	00470	01132	01258	01326	01337
01390	01484	01505	01595	01802	02244
02268	02534	02632	02824	02825	02858
03174	03662	04345	04587	04684	04839
04987	05247	05294	06017	06286	06332
06441	06549	06550	06640	06651	06780
07103	07194	07566	07658	08047	08181
08189	08194	08265	08384	08461	08500
08506	08558	08651	08934	08937	09040

作

09065	09109	09180	09229	09542	10826
10950	11006	11031	11265	11286	11401
11410	11919	12465	12682	12698	13099
13274	13357	13358	13601	13602	13690
13944	13959	14050			

字　例

00335	00470	01132	01258	01326	01337
01390	01484	01505	01595	01802	02244
02268	02534	02632	02824	02825	02858
03174	03662	04345	04587	04684	04839

府

字　例					
01258	01326	01326	01505	01595	01802
03174	04345	04987	04987	05247	06780
07194	08189	08651	09109	10950	11031
11286	11401	11401	12319		

成

字　例					
00335	00359	00555	00667	00683	01484
02018	02244	02632	02858	03174	04684

嗇

04839	06441	06549	06550	06725	07103
08047	08189	08194	08265	08500	08506
08934	08937	09109	11265	11919	12682
12698	13274	13357	13358	13476	13476
13601	13602	13944	13959		

字　　例					
00335	00359	00555	00667	00683	01390
01484	02018	02244	02632	02858	03174
04684	04839	06017	06286	06441	06549
06549	06550	06640	06725	07103	07194
08047	08047	08189	08194	08194	08265
08500	08506	08934	08937	08937	09109

夫

09229	11265	11919	12465	12682	12698
夭	夭	夫	夭	天	夭
13274	13357	13358	13476	13476	13601
王	夫	走	夫		夫
13602	13944	13959			
夭	夫	夫			

字　　例					
00667	01484	02244	02534	02632	03174
挭	猨	謢	擭	謢	頀
04899	06441	06549	06550	06725	07103
撲	蒦	謢	頀	謢	謢

護

08047	08181	08194	08265	08500	08506
護	擭	護	護	護	誰
08934	08937	09065	09109	12682	13099
護	護	擭	護	護	擭
13274	13355	13357	13358	13469	13476
擭	擭	投	護	擭	扶
13601	13602	13690	13944	13959	14050
堭	擭	擭	擭	擭	擭
04839					
誰					

	字　　例					
卒	00667	01484	02244	02534	02632	03174
	04899	06441	06549	06500	06725	07103
	08047	08194	08265	08500	08934	08937
	09109	12682	13274	13355	13357	13358
	13469	13476	13601	13602	13944	13959

字　　例					
00667	00683	01484	01484	02244	02244
02534	02534	02534	02632	03174	04899
04899	06441	06549	06549	06550	06550
06725	06725	06725	07103	08047	08047
08194	08194	08265	08500	08500	08506
08934	08934	08937	08937	09109	12682
12682	13274	13355	13357	13358	13469
13469	13476	13601	13601	13602	13602
13944	13959	13959	14050		

史

右	字		例		
	00667	08047	12460		

室	字		例		
	12460				

光	字		例		
	00495	00495	00555	00683	04587

祿	字		例		
	00495	01802			

衛	字		例		
	00359	00555	00683	08354	

	字　　例				
尉	00359	00555	00683	08354	

	字　　例				
旅	00359	00555	00683		

	字　　例				
賣	00359	00555	00683		

	字　　例				
太	00715	06651	10950	11031	11265

	字　　例				
初	00555	00715	10950	11031	

字				例	
天					
	00470	01132	01258	10826	11919

字			例		
漢					
	00470	10826	11919		

字				例	
始						
	01484	02244	02534	02534	02858	02858
	04684	06441	06551	07103	08189	08506
	08934	09065	09109	11265	12698	13357
	13358	13476	13601	13944	13959	14050

字	例				
延	00335	13690			
	延	匹			

字	例				
鳳	00667	02632	06549	08194	08265	08937
	屬	昌	昌	鳥	昌	鳥
	13274	13602			
	昌	昌			

字	例				
地	08500	13355	02824	09542	
	地	地	土也	土也	

字	例				
節	08500	13355			
	節	節			

字		例			
康	04899	12682	13469		

字		例			
神	00359				

字		例			
爵	00359				

字		例			
甘	06725	09542			

字		例			
露	06725				

字　　例					
00470	01484	06441	08047	09109	12319
12682	13099	13448			
02244	02632	03174	07103	08181	08194
08265	08506	08934	08937	09065	10826
10950	11031	12460	13274	13355	13357

佐
伏

字 例					
00335	00667	00715	00715	01484	01505
02018	02244	02534	02632	02632	03174
04345	04899	05294	06441	06549	06550
06725	06780	07194	07658	08047	08181
08189	08194	08265	08500	08500	08651
08934	08937	09065	09109	11286	12682
13099	13274	13355	13358	13448	13469

冗尤

13601	13602	13690	13944	13959	14050

字 例					
00335	00470	00667	00715	01132	01258
01326	01337	01390	01505	01595	01802
02018	02268	02632	02824	02825	02858
03174	03662	04345	04587	04684	04839
04899	04987	05247	05294	06017	06286
06332	06441	06549	06550	06640	06551

造

06725	06780	07103	07194	07566	07658
08047	08181	08189	08194	08265	08384
08461	08500	08506	08558	08651	08934
08937	09040	09109	09180	09229	09542
10826	10950	11006	11031	11265	11286
11401	11410	11919	12319	12460	12465
12682	12698	13099	13274	13355	13357
13358	13448	13469	13476	13601	12602
13690	13944	13959	14050		

字　例					
00335	00359	00359	00470	00495	00555
00667	00683	00715	01132	01258	01326
01337	01390	01484	01505	01514	01595
10802	02018	02244	02268	02534	02632
02824	02825	02858	03174	03662	04345

年

04587	04684	04839	04839	04899	02987
05247	05294	06017	06286	06332	06441
06549	06550	06640	06651	06725	06780
07103	07194	07566	07658	08047	08181
08189	08194	08265	08354	08384	08461

08500	08506	08558	08651	08934	08937
09040	09065	09109	09180	09229	09542
10826	10950	11006	11006	11031	11265
11286	11401	11410	11919	12319	12460
12465	12682	12698	13099	13274	13355

13357	13358	13448	13469	13476	13601
13602	13690	13944	13959	14050	

字 例					
	02244	02632	06441	08265	09109	13601
秦	13358					

字 例					
昌	06441	04899	02858	02632	13959	13601

	09109	08500	08265	08181	
	昌	昌	昌	昌	

	字　　例				
謝	12698	09040	04684	02858	02825
	謝	謝	謝	謝	謝

	字　　例				
安	09109	08265	07658	05294	02632
	安	安	安	安	安
	10826				
	安				

上表中 13099 應列於 02632 右側。

	字　　例		
意	09109	07658	05294
	意	意	意

字 例					
志	 13944 志	 13099 志	 09065	 00683		

字 例					
怪	 13274 怪					

字 例					
快	 08937 快					

字 例					
朝	 08934 朝	 08506 朝				

字　例					
08651	08384	08047	07566	07194	06550
勝	勝	勝	勝	勝	勝
11401					
勝					

勝

字　例					
13602	13476	13476	08934	08506	06651
猜	殯	殯	殯	殯	殯

猜

字　例					
12465	06640	04587	02268	01258	
緩	緩	緩	緩	緩	

緩

	字　例				
繕	08354	00683	00555	00495	00359

	字　例				
建	03174	08047	09109		

	字　例				
逐	02534	11401	12319		

	字　例				
如	02018	00715			

	字　　例				
政	13358	08194	08934		

	字　　例				
關	11919	11265	11031	10950	01484

	字　　例				
顧	01326	04987	11401		

	字　　例				
樂	13601	13358	06725	03174	02825

字	例				
寬	14050	09065			

字	例				
輔	12698	09040	04684	02858	00495

字	例				
甫	04839				

字	例				
聖	14050	13355	11286	09065	07658

字	例				
游	04899	13355	13469		

字	例				
當	01802	02534	02534	08181	08189	13099
	13355	14050			

字	例				
掾	00555	00667	02534	04899	13274	13355
	13357	13469	13602	13944	13959	

字 例					
鬼	08194	06549	08937		

字 例					
堯	06651	06651	10950	11031	11265	11919
	01484					

字 例					
喜	00470	06549	11265	11919		

字 例					
望	00335					

	字 例				
春	13274	13357	13602	13944	13959

	字 例				
奉	02534	04899	13358	13469	

	字 例				
克	08194	13358			

	字 例				
佐	00470	08937	08194	01484	06441	08047

字 例					
08047	01484	02244	06441	06549	06551
08265	08937	09065	09109	11919	11358

充

附錄三　骨籤書法與印內印外實踐例

編號	印　例	說　　明
（1）	三樂堂	「三」字參考 07916 ，將三筆橫畫起收筆做變化，「樂」字參考 13601 ，骨籤獨特的構件寫法。刀法配合筆法變化參合運用。
（2）	如願	「如」字參考 02018 ，「願」字參考 08181「穎」字 右邊構件寫法。刀法配合筆法變化參合運用。
（3）	無極	「無」從古體「无」，參考 02858「元」字 ，在最後一筆收尾漸重，與「極」字最後一筆帶隸意雁尾拉出做一呼應，邊的處理著重厚拙樸感，將文字線條光潔化。

（4）		「反常合道」，著重字形開闔變化，中軸線的部分對齊，橫向行氣的流動。後世歸納漢印特點，多強調平正、穩重，此印參合骨簽文字意趣入印，意在與「漢印」所建構的朱白分間形式做一對話性的嘗試。
	反常合道	
（5）		以一字印的格式與筆者所整理的骨簽字表做一連結，「弱」字在每一筆的起筆尖筆入鋒，參考 09927「力」字 ，05532「步」字 ，10371「鈞」字 部分構件。
	弱	